W0021402

Wer es könnte

Gedichte · Hilde Domin
Aquarelle · Andreas Felger

Präsenz

Inhalt

Alphabet der Hoffnung	6
Das Gefieder der Sprache	13
Wunsch	14
Es gibt dich	17
Linguistik	18
Bitte	21
April	22
Wer es könnte	25
Osterwind	26
Gleichgewicht	29
Windgeschenke	30
Es knospt	32
Nur Zeugen	33
Orientierung	34
Morgens und abends	36
Winter	37
Wege	38
Ruf	41
Mit leichtem Gepäck	42
Notrufer	45
Worte	46
Ziehende Landschaft	49
Gegenwart	50
Sehnsucht	53
Haus ohne Fenster	54
Nimm den Eimer	57
Lilie	58
Nicht müde werden	61
Anhang	62

Alphabet der Hoffnung   Oliver Kohler

Ein Wunsch findet sich auf den ersten Seiten dieses Buches: »Ich möchte von den Dingen die ich sehe / wie von dem Blitz / gespalten werden«. Ein gelbgrundiges Aquarell steht neben diesem Gedicht. Die blaue Kugel in der Bildmitte bricht auseinander wie die Schale einer Frucht. Zu neuem Sehen verlockt diese Kunst. Ihren Impuls aufzunehmen braucht den Mut, Gewohntes nicht als letztgültig anzusehen:

»Gewöhn dich nicht.
Du darfst dich nicht gewöhnen. …
Sag dem Schoßhund Gegenstand ab
der dich anwedelt
aus dem Schaufenster.«

Ständig Neues sehend erblindet der moderne Mensch. Im Dauerzustand der Sensation erfährt er sich wie in Narkose – unfähig dazu, wirklich zu empfinden, mitzuleiden und zu handeln. Der poetisch erwünschte Blitzschlag zerteilt keinen Vorhang vor einer noch größeren Monitorwand. Der Riß in der visuellen Vollversorgung öffnet vielmehr den Weg zurück zum Unerschöpflichen, zum ABC der Schöpfung. Dieses neue Sehen mündet in das Staunen darüber, »daß noch die Blätter der Rose am Boden / eine leuchtende Krone bilden.«

Der wieder Sehende beginnt neu zu sprechen. Die Farbkompositionen des Malers und die Sprachbilder der Poetin sind nichts weniger als ein Plädoyer für die Wiedergeburt des Gesprächs aus dem Geist der Hoffnung:

»Erfinde eine neue Sprache,
die Kirschblütensprache,
Apfelblütenworte,
rosa und weiße Worte,
die der Wind
lautlos
davonträgt.«

Beide Künstler begegnen sich in diesem Buch als Eigenständige, ihr Werk in geduldiger und intensiver Arbeit Entwickelnde. Um Illustration als eine die Kunst des anderen in ein neues Medium übertragende Gestaltung geht es dabei in keinem Augenblick. Inspiration aber als eine Form des Verstehens und Antwortens ist überall zu spüren.

Zwei Wege nähern sich einander an und kreuzen sich. Auf den ersten Blick trennen ihre Ursprünge Welten. Hilde Domin wächst in der Metropole Köln heran. Weltoffen ist diese Kindheit. »Sonntags ging mein Vater mit mir ins Museum, also ins Wallraf-Richartz-Museum oder auch in den Kunstverein. ... Mein Vater zwang mich zu nichts. Ich mußte nicht mit ihm spazierengehen, ich durfte es. Ich durfte schwimmen gehen. Ich durfte mit ihm ins Gericht. Ich durfte mit ihm ins Theater.« Die Zeit der Frühe verklärt sich zu keiner Idylle, aber sie gewährt die prägende Erfahrung verläßlicher Nähe: »Mein Vater warf keinen dunklen Schatten«. Als es längst keinen umfriedeten Ort mehr für sie gibt, erreicht sie manchmal ein Echo dieser ersten Liebe: » ... als umhüllten mich Tücher, / von lange her / aus sanftem Zuhaus / von der Mutter gewoben.« Sie will Dingen auf den Grund gehen und Zusammenhänge begreifen. Von ihrem Studium der Rechtskunde, Nationalökonomie, Soziologie und Philosophie läßt sie sich nach Heidelberg, Bonn und Berlin führen und bedeutenden Denkern begegnen. Dann versinkt die abendländische Vision von Demokratie und Freiheit in einem Sog der Gewalt. Mit Millionen anderer Angehöriger des europäischen Judentums kann die junge Gelehrte nicht mehr nach Entfaltung und Vertiefung fragen. Der innere Kompaß kreist nur noch zwischen den Polen Flucht und Tod. Sie entkommt über Italien, England, Kanada, Jamaika und Kuba in die Dominikanische Republik. Nach diesem Fluchtpunkt wird sie sich fortan nennen.

Als sie 1954 Deutschland wieder betritt, ist sie zur Dichterin geworden. Der Weg zurück wird wesentlich.

Hans-Georg Gadamer sagt von ihr einmal: »Hilde Domin ist die Dichterin der Rückkehr. ... Wer mit ihr realisiert, was Rückkehr ist, weiß mit einem Male, daß Dichtung immer Rückkehr ist – Rückkehr zur Sprache. Darin liegt die doppelte Symbolkraft ihrer dichterischen Aussage.«

Sie kehrt zurück in ein Land, das sich selbst entstellte:

» ... Gestern und Morgen / sind durch ein Jahrhundert getrennt / und reichen sich nie mehr die Hand.« Ihre Rückkehr zur Muttersprache läßt wunderbar schwebende Sprachgebilde entstehen:

>»Über Nacht, unmerklich,
>ist diese Lilie gekommen.
>Über Nacht, unmerklich,
>möchte ich gehn.«

Ihre Gedichte steigen auf wie Schmetterlinge. In Wortflügeln verfängt sich das Licht einer Sonne, die den Rauch über verbrannter Erde oft nicht zu durchdringen vermag. Eine Poesie des Windes ist ihr Werk. Sapphos Atem hält den Ton. Im Geist der Droste legt sich Landschaft wie ein Seidentuch über das Ich. Hölderlins Mut zum Fragment stellt ihre Sätze in einen Raum des Schweigens. Im poetischen Kosmos der Hilde Domin bewirkt der Wind Erneuerung und Inspiration. Die verkrustete Erde, dem Wind entgegengeworfen, wird wieder lebendig.

»Wer es könnte ...«. Auch wenn jüdische Wurzeln dieser Dichterin verborgen bleiben und der Wörterbaum meistens von ihnen schweigt: wirklicher Friede, ja Schalom im Sinne weltumspannender Veränderung ist ein Leitmotiv ihres Werkes. »Mit der Sehnsucht von immer / und der Angst / von heute« arbeitet sie daran. Noch im Moment des Privaten und Persönlichen schreibt sie stellvertretend für ihre Menschenschwestern und -brüder, die ohne Stimme sind.

Der Weg Andreas Felgers nimmt seinen Anfang in der Landschaft der Schwäbischen Alb. Baumgesäumte Bachmäander schreiben sich ihr wie Runen ein. Schroffe Vorsprünge überragen Felswände. Weite zerfällt in Hügelzüge, an die sich Wacholderbüsche klammern. In dieser rauhen Schönheit muß der Mensch seinen Platz erst finden. Hier ist er nicht alles. Die Scheune mit dem verwitterten roten Dach löst sich im Ackerbraun und Herbstgold auf. Sich zu begreifen als Teil eines Ganzen bleibt eine Grundempfindung des Malers.

Die Jahre an der Münchner Kunstakademie weiten und vertiefen das Spektrum seiner malerischen Sprache. Über Jahrzehnte bindet er sich an das Holz, ja er verbindet sich mit ihm. Im Holzschnitt entdeckt und entwickelt er die expressive Qualität der gegenstandslosen Fläche. Die Übermalungen und Schraffuren seiner freien Malerei sind davon inspiriert. In einer seiner seltenen Selbstaussagen sagt er: »Meine Suche gilt neuen Tiefen – im Holzschnitt, im Aquarell und im Ölbild. In der erneuten Bemalung früherer Bilder, in ihrer Übermalung, entsteht ein neuer Farbraum. Die Tradierung der Farben öffnet neue Perspektiven – eine Ahnung vom Geheimnis der Malerei. Mich interessiert das Phänomen der Grenze und des Übergangs. Häufig reihe ich Farbflächen aneinander und überziehe den Malgrund mit Linien. An ihren Schnittstellen wechsle ich den Tonwert einer Farbe von hell ins Dunkel und suche den Farbweg vom Rot zum Grün, vom Gelb zum Blau.«

Vor Flucht und Vertreibung bleibt Andreas Felger bewahrt. Doch das Fremdsein im Eigenen kennt auch er. Seine Offenheit für die biblische Offenbarung erschließt ihm neue Motive. Sie schließt aber auch manche Anpassung an Trends und manche Selbstinszenierung aus.

Unterschiedliche Routen haben die Lebensboote beider Künstler genommen. An verschiedenen Küsten gehen sie ans Land, erreichen dort öffentliche Wirkung und existentielle Bedeutung für einzelne Menschen. Umso mehr überraschen das innere Nahesein, ja die Verwandtschaft der Gedichte und Aquarelle. Beschränkung und Verknappung wecken den Eindruck einer lyrischen Malerei. Die Zweige des blühenden Obstbaumes eröffnen auf den unterlegten Farbfeldern ein Wechselspiel von Helligkeitsnuancen und Formen, wie sich die Worte eines Gedichtes erhellen und spiegeln. Die Texte aber sind voller Farbverweise: » – grün, gold und blau – «. Wo das bedrohte Leben eine zweite Chance bekommt, wird es farbig.

Beiden Künstlern wird das Auge zu einem bedeutsamen Sinnbild für die Kraft der Bejahung durch das Du: »Es gibt dich / weil Augen dich ansehn und sagen / daß es dich gibt.«

Hilde Domin und Andreas Felger vergrößern häufig die Distanz zwischen Empfindung und Gestaltung, zwischen Sinn und Bild. Die Dichterin entwickelt ihre Aussagen in Widersprüchen. Der Maler verläßt das Gegenständliche. Paradox und Abstraktion sind Ausdruck ihrer Verweigerung gegenüber Kitsch, Klischee und Lüge. Hilde Domins einziger, großer Roman trägt den Titel »Das zweite Paradies«. Mehr als eine Ahnung davon kann glaubwürdige Kunst nicht vermitteln. Vertrieben aus allem, was einmal ein erstes Paradies war, entstehen diese Werke in einer ausgesetzten Welt. Sie wissen es: » ... der Wunsch verschont zu bleiben, taugt nicht.« Doch auch die vielfach bedrohte Ahnung eines zweiten Paradieses macht nicht passiv, sondern schöpferisch. Worte und Farben erzählen von ihr – im Alphabet der Hoffnung.

> »Nicht müde werden
> sondern dem Wunder
> leise
> wie einem Vogel
> die Hand hinhalten.«

Das Gefieder der Sprache

Das Gefieder der Sprache streicheln
Worte sind Vögel
mit ihnen
davonfliegen.

Wunsch

Ich möchte von den Dingen die ich sehe
      wie von dem Blitz
      gespalten werden
      Ich will nicht daß sie vorüberziehen
      farblos bunte
      sie schwimmen auf meiner Netzhaut
      sie treiben vorbei
      in die dunkle Stelle
      am Ende der Erinnerung

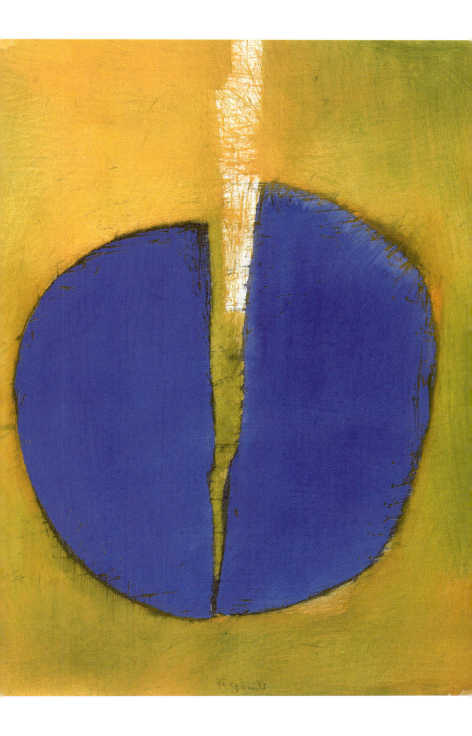

Es gibt dich

Dein Ort ist
    wo Augen dich ansehn.
    Wo sich die Augen treffen
    entstehst du.

    Von einem Ruf gehalten,
    immer die gleiche Stimme,
    es scheint nur eine zu geben
    mit der alle rufen.

    Du fielest,
    aber du fällst nicht.
    Augen fangen dich auf.

    Es gibt dich
    weil Augen dich wollen,
    dich ansehn und sagen
    daß es dich gibt.

Linguistik

Du mußt mit dem Obstbaum reden.

Erfinde eine neue Sprache,
die Kirschblütensprache,
Apfelblütenworte,
rosa und weiße Worte,
die der Wind
lautlos
davonträgt.

Vertraue dich dem Obstbaum an
wenn dir ein Unrecht geschieht.
Lerne zu schweigen
in der rosa
und weißen Sprache.

Bitte

Wir werden eingetaucht
und mit dem Wasser der Sintflut gewaschen,
wir werden durchnäßt
bis auf die Herzhaut.

Der Wunsch nach der Landschaft
diesseits der Tränengrenze
taugt nicht,
der Wunsch, den Blütenfrühling zu halten,
der Wunsch, verschont zu bleiben,
taugt nicht.

Es taugt die Bitte,
daß bei Sonnenaufgang die Taube
den Zweig vom Ölbaum bringe.
Daß die Frucht so bunt wie die Blüte sei,
daß noch die Blätter der Rose am Boden
eine leuchtende Krone bilden.

Und daß wir aus der Flut,
daß wir aus der Löwengrube und dem feurigen Ofen
immer versehrter und immer heiler
stets von neuem
zu uns selbst
entlassen werden.

April

Die Welt riecht süß
     nach Gestern.
     Düfte sind dauerhaft.

     Du öffnest das Fenster.
     Alle Frühlinge
     kommen herein mit diesem.

     Frühling der mehr ist
     als grüne Blätter.
     Ein Kuß birgt alle Küsse.

     Immer dieser glänzend glatte
     Himmel über der Stadt,
     in den die Straßen fließen.

     Du weißt, der Winter
     und der Schmerz
     sind nichts, was umbringt.

     Die Luft riecht heute süß
     nach Gestern –
     das süß nach Heute roch.

Wer es könnte

Wer es könnte
    die Welt
    hochwerfen
    daß der Wind
    hindurchfährt.

Osterwind

Wir haben es den Blumen und Bäumen voraus:
Unsere Jahreszeiten
sind schneller.

Der Tod
steigt im Stengel unseres Traums,
alle Blüten werden dunkel
und fallen.
Kaum ein Herbst. Der Winter kommt
in einer Stunde.

Doch da ist keine Wartezeit,
sicheres Warten
für kahle Zweige.

So wie der Vogel
innehält und sich wendet im Flug,
so jäh, so ohne Grund
dreht sich das Klima des Herzens.
Weiße Flügelsignale im Blau,
Auferstehung
all unserer toten

Blumen
im Osterwind
eines Lächelns.

Gleichgewicht

Wir gehen
     jeder für sich
     den schmalen Weg
     über den Köpfen der Toten
     – fast ohne Angst –
     im Takt unsres Herzens,
     als seien wir beschützt,
     solange die Liebe
     nicht aussetzt.

     So gehen wir
     zwischen Schmetterlingen und Vögeln
     in staunendem Gleichgewicht
     zu einem Morgen von Baumwipfeln
     – grün, gold und blau –
     und zu dem Erwachen
     der geliebten Augen.

Windgeschenke

Die Luft ein Archipel
        von Duftinseln.
        Schwaden von Lindenblüten
        und sonnigem Heu,
        süß vertraut,
        stehen und warten auf mich
        als umhüllten mich Tücher,
        von lange her
        aus sanftem Zuhaus
        von der Mutter gewoben.

        Ich bin wie im Traum
        und kann den Windgeschenken
        kaum glauben.
        Wolken von Zärtlichkeit
        fangen mich ein,
        und das Glück beißt
        seinen kleinen Zahn
        in mein Herz.

Es knospt

Es knospt
        unter den Blättern
        das nennen sie Herbst.

Nur Zeugen

Diese entblätternde Blume,
Sehnsucht,
ins Zeitlose
so langsam
fallend.

Der Schmerz
mit der durchschnittenen Nabelschnur,
gestern noch heilbar,
heute schon weit
im Niewieder.

Nichts können wir ändern,
nur zusehn,
über dem unbegreiflichen
Vermögen weh zu tun
die Tränen mischend.

Orientierung

für Minne

Mein Herz, diese Sonnenblume
        auf der Suche
        nach dem Licht.

        Welchem
        der lang vergangenen Schimmer
        hebst du den Kopf zu
        an den dunklen Tagen?

Morgens und abends 2

Die Wiesen, die Augen
        früh und spät
        so naß.

        Dazwischen
        ist Tag.

Winter

Die Vögel, schwarze Früchte
    in den kahlen Ästen.
    Die Bäume spielen Verstecken mit mir,
    ich gehe wie unter Leuten
    die ihre Gedanken verbergen
    und bitte die dunklen Zweige
    um ihre Namen.

    Ich glaube, daß sie blühen werden
    – innen ist grün –
    daß du mich liebst
    und es verschweigst.

Wege

Veilchen säumen den Weg,
        Augen von Erdbeerblüten,
        Maiglöckchen.
        Der Kuckuck begleitet mich
        Ruf um Ruf
        auf einem Weg
        der nicht der meine ist.
        Ein blumenbestandener,
        nur nicht der meine.
        Nie hab ich die andern
        so darauf angesehn
        ob der Weg unter ihren Füßen
        der ihre ist.

Ruf

Mich ruft der Gärtner.

Unter der Erde seine Blumen
sind blau.

Tief unter der Erde
seine Blumen
sind blau.

Mit leichtem Gepäck

Gewöhn dich nicht.
Du darfst dich nicht gewöhnen.
Eine Rose ist eine Rose.
Aber ein Heim
ist kein Heim.

Sag dem Schoßhund Gegenstand ab
der dich anwedelt
aus den Schaufenstern.
Er irrt. Du
riechst nicht nach Bleiben.

Ein Löffel ist besser als zwei.
Häng ihn dir um den Hals,
du darfst einen haben,
denn mit der Hand
schöpft sich das Heiße zu schwer.

Es liefe der Zucker dir durch die Finger,
wie der Trost,
wie der Wunsch,
an dem Tag
da er dein wird.

Du darfst einen Löffel haben,
eine Rose,
vielleicht ein Herz
und, vielleicht,
ein Grab.

Notrufer

In mir ist immer
        Abschied:
        Wie ein Ertrinkender
        dessen Kleider
        von Meerwasser schwer sind
        seine letzte Liebe
        einer kleinen Wolke schenkt.

        In mir ist immer
        Glaube,
        als sei das goldene Seil
        wer es auch auswirft
        dem Notrufer
        heilig
        geschuldet.

Worte

Worte sind reife Granatäpfel,
        sie fallen zur Erde
        und öffnen sich.
        Es wird alles Innre nach außen gekehrt,
        die Frucht stellt ihr Geheimnis bloß
        und zeigt ihren Samen,
        ein neues Geheimnis.

Ziehende Landschaft

Man muß weggehen können
          und doch sein wie ein Baum:
          als bliebe die Wurzel im Boden,
          als zöge die Landschaft und wir ständen fest.
          Man muß den Atem anhalten,
          bis der Wind nachläßt
          und die fremde Luft um uns zu kreisen beginnt,
          bis das Spiel von Licht und Schatten,
          von Grün und Blau,
          die alten Muster zeigt
          und wir zuhause sind,
          wo es auch sei,
          und niedersitzen können und uns anlehnen,
          als sei es an das Grab
          unserer Mutter.

Gegenwart

Wer auf der Schwelle seines Hauses geweint hat
      wie nicht je ein fremder Bettler.
      Wer die Nacht auf den Dielen
      neben dem eigenen Lager verbrachte.
      Wer die Toten bat
      sich wegzuwenden von seiner Scham.

      Dessen Sohle betritt die Straße nicht wieder,
      sein Gestern und Morgen
      sind durch ein Jahrhundert getrennt
      und reichen sich nie mehr die Hand.
      Die Rose verblüht ihm nicht.
      Der Pfeil trifft ihn nie.

      Doch fast erschreckt ihn der Trost
      wenn sich ein sichtbarer Flügel wölbt,
      sein zitterndes Licht
      zu beschützen.

Sehnsucht

Die Sehnsucht
    läßt die Erde durch die Finger rinnen
    alle Erde dieser Erde
    Boden suchend
    für die Pflanze Mensch

Haus ohne Fenster

Der Schmerz sargt uns ein
in einem Haus ohne Fenster.
Die Sonne, die die Blumen öffnet,
zeigt seine Kanten
nur deutlicher.
Es ist ein Würfel aus Schweigen
in der Nacht.

Der Trost,
der keine Fenster findet und keine Türen
und hinein will,
trägt erbittert das Reisig zusammen.
Er will ein Wunder erzwingen
und zündet es an,
das Haus aus Schmerz.

Nimm den Eimer

Nimm den Eimer
trage dich hin
Wisse du trägst dich
zu Dürstenden

Wisse du bist nicht das Wasser
du trägst nur den Eimer
Tränke sie dennoch

Dann trage den Eimer
voll mit dir
zu dir zurück

Der Gang
hin und her
dauert ein Jahrzent

(Du kannst es fünf- oder sechsmal tun
vom zwanzigsten Lebensjahr an gerechnet)

Lilie

Alle Farbe ist leer,
      auch das Nahe so fern.
      Nichts ist vertraut:
      Vielleicht eine Lilie,
      die gestern nicht da war,
      heute morgen mich ansah,
      lila im Grün.

      Der Kuckuck ruft,
      die Minuten
      bewegen sich nicht.
      Über Nacht, unmerklich,
      ist diese Lilie gekommen.
      Über Nacht, unmerklich,
      möchte ich gehn.

Nicht müde werden

Nicht müde werden
    sondern dem Wunder
    leise
    wie einem Vogel
    die Hand hinhalten.

Hilde Domin

1909 in Köln geboren, studierte Jura, Philosophie und politische Wissenschaften (u.a. bei Radbruch, Jaspers, Karl Mannheim), promovierte 1935 in Florenz über Staatsgeschichte der Renaissance.
Sie arbeitete als Lehrerin in England, Universitätsdozentin in Santo Domingo, als Übersetzerin, Fotografin, und Assistentin ihres Mannes, Erwin Palm. Nach 22jährigem Exil kehrte sie nach Deutschland zurück und lebt seit 1961 in Heidelberg.
Poetikdozentur den Universitäten Frankfurt a. M. und Mainz. Für ihr Werk erhielt Hilde Domin bedeutende Auszeichnungen und Preise.
Sie ist u.a. Mitglied des Deutschen P.E.N.-Zentums und der Deutschen Akademie für Sprache und Dichtung.

Andreas Felger

1935 in Belsen am Fuß der Schwäbischen Alb geboren.
Lehre als Musterzeichner. 1954–1959 Studium an der
Kunstakademie München. 1959 Beginn der selbständi-
gen Tätigkeit, zunächst als Designer, dann als Maler.
Aus einer sinnstiftenden Gotteserfahrung entwickelt
sich sein weiteres Schaffen. Studienreisen in südliche
Länder. Mehrere Arbeitsaufenthalte in Israel. Farbholz-
schnitte, Aquarelle, Ölmalerei, Skulpturen: Einzelwerke
und Zyklen. Architekturgebundene Arbeiten: Holz-
reliefs, Glasmalerei, Bildweberei. Resonanz auf Land-
schaften, Blumen und menschliche Grunderfahrungen.
Auseinandersetzung mit geschichtlichen Entwick-
lungen, Gedanken der Bibel und mit dem Phänomen
der Zeit. Inspiration durch literarische Texte und musi-
kalische Kompositionen des zwanzigsten Jahrhunderts.
Kunstbände, Mappen, bibliophile Editionen. Vertreten
in öffentlichen Einrichtungen und Sammlungen.
Ausstellungen im In- und Ausland.

Albrecht Goes: »Nichts in diesem Werk ist gefällig oder
selbstgefällig, ... es ist etwas Lebenergreifendes,
Menschenforderndes in Felgers Arbeit«.

Texte

Nimm den Eimer
aus: Hilde Domin, Der Baum blüht trotzdem
© S. Fischer Verlag GmbH, Frankfurt am Main, 1999

alle weiteren in dieses Buch aufgenommenen Gedichte
aus: Hilde Domin, Gesammelte Gedichte
© S. Fischer Verlag GmbH, Frankfurt am Main, 1987

Aquarelle:

11	Farbfelder, Aquarell o. T., 75 x 56 cm , 1998
15	Aufbruch, Aquarell, o. T., 75 x 55,5 cm, 1998
19	Apfelblüte, Aquarell, 75 x 52 cm, 1999
23	Violett, Aquarell, o. T., 50 x 39 cm, o. A.
27	Im Wind, Aquarell, o. T., 57 x 76 cm, 1998
31	Grünes Segel, Aquarell, Grünes Segel, 75 x 55 cm, 1998
35	Sonnengelb, Aquarell , o. T., 55,5 x 75 cm, 1998
39	Blumenstrauß, Aquarell , o. T., 39 x 50 cm, 1998
43	Rotes Feld, Aquarell , o. T., 19 x 22,5 cm, 1998
47	Rote Quadrate, Aquarell , o. T., 56,5 x 75,5 cm, 1998
51	Bote, Aquarell, o. T., 28,5 x 19cm, 1999
55	Blaues Feld, Aquarell, o. T., 79 x 56 cm, 1998
59	Lilie, Aquarell, o. T., 52 x 38 cm, 1999
Titel	Farbfelder (Ausschnitt) siehe Seite 11